I'm a comedian. Thi
it back.

This Book Belongs To   _____

Call or Text Me   _____

E-Mail   _____

My Website   _____

The Comic's Book is separated into four simple sections:

1. **Show List**
   A place to keep track of upcoming show dates and venues (plus keep track of where you've performed in the past).

2. **The Master List**
   This is where you can put the titles of your best jokes that you consistently use as a reference for your shows. Generally comics pick and choose their bits and arrange them like a puzzle. These are your best pieces.

3. **The Set Lists**
   Blank Templates for you to write down individual show info and set lists

4. **Writing**
   The more you write then better your jokes will get. This section helps you break down your ideas into more manageable pieces and gives a calendar to help encourage consistent writing.

Don't Break the Chain

Jerry Seinfeld has a simple but effective productivity method for writing comedy. Seinfeld says: "For each day that I do my task of writing, I get to put a big red X over that day. After a few days you'll have a chain. Just keep at it and the chain will grow longer every day. You'll like seeing that chain, especially when you get a few weeks under your belt. Your only job next is to not break the chain."

January										
1	2	3	4	5	6	7	8	9	10	11
12	13	14	15	16	17	18	19			
20	21	22	23	24	25	26	27			
28	29	30	31							

February										
1	2	3	4	5	6	7	8	9	10	11
12	13	14	15	16	17	18	19			
20	21	22	23	24	25	26	27			
28	29									

March										
1	2	3	4	5	6	7	8	9	10	11
12	13	14	15	16	17	18	19			
20	21	22	23	24	25	26	27			
28	29	30	31							

April										
1	2	3	4	5	6	7	8	9	10	11
12	13	14	15	16	17	18	19			
20	21	22	23	24	25	26	27			
28	29	30								

May

1 2 **3** 4 **5** 6 **7** 8 **9** 10 **11**
12 **13** 14 **15** 16 **17** 18 **19**
20 **21** 22 **23** 24 **25** 26 **27**
28 **29** 30 **31**

June

1 2 **3** 4 **5** 6 **7** 8 **9** 10 **11**
12 **13** 14 **15** 16 **17** 18 **19**
20 **21** 22 **23** 24 **25** 26 **27**
28 **29** 30

July

1 2 **3** 4 **5** 6 **7** 8 **9** 10 **11**
12 **13** 14 **15** 16 **17** 18 **19**
20 **21** 22 **23** 24 **25** 26 **27**
28 **29** 30 **31**

August

1 2 **3** 4 **5** 6 **7** 8 **9** 10 **11**
12 **13** 14 **15** 16 **17** 18 **19**
20 **21** 22 **23** 24 **25** 26 **27**
28 **29** 30 **31**

September

1 2 **3** 4 **5** 6 **7** 8 **9** 10 **11**
12 **13** 14 **15** 16 **17** 18 **19**
20 **21** 22 **23** 24 **25** 26 **27**
28 **29** 30

October

1 2 **3** 4 **5** 6 **7** 8 **9** 10 **11**
12 **13** 14 **15** 16 **17** 18 **19**
20 **21** 22 **23** 24 **25** 26 **27**
28 **29** 30 **31**

November

1 2 **3** 4 **5** 6 **7** 8 **9** 10 **11**
12 **13** 14 **15** 16 **17** 18 **19**
20 **21** 22 **23** 24 **25** 26 **27**
28 **29** 30

December

1 2 **3** 4 **5** 6 **7** 8 **9** 10 **11**
12 **13** 14 **15** 16 **17** 18 **19**
20 **21** 22 **23** 24 **25** 26 **27**
28 **29** 30 **31**

Shows

Date	Time	Place	City

Shows

Date	Time	Place	City

Master Set List (my go to jokes)

_____

_____

_____

_____

_____

_____

_____

_____

_____

_____

_____

_____

_____

_____

_____

_____

Master Set List (my go to jokes)

_____

_____

_____

_____

_____

_____

_____

_____

_____

_____

_____

_____

_____

_____

_____

_____

_____

_____

Venue _____

Date _____ **Set Length** _____

Show Contact _____

Set List

_____

_____

_____

_____

_____

_____

_____

_____

_____

_____

_____

_____

_____

_____

_____

_____

_____

_____

Post Show Notes

Jokes that Worked

Notes for Improvement & New Ideas

Venue _____

Date _____ **Set Length** _____

Show Contact _____

Set List

_____

_____

_____

_____

_____

_____

_____

_____

_____

_____

_____

_____

_____

_____

_____

_____

_____

Post Show Notes

Jokes that Worked

Notes for Improvement & New Ideas

Venue _____

Date _____ **Set Length** _____

Show Contact _____

Set List

_____

_____

_____

_____

_____

_____

_____

_____

_____

_____

_____

_____

_____

_____

_____

_____

_____

_____

Post Show Notes

Jokes that Worked

Notes for Improvement & New Ideas

Venue _____

Date _____   **Set Length** _____

Show Contact _____

Set List

_____

_____

_____

_____

_____

_____

_____

_____

_____

_____

_____

_____

_____

_____

_____

_____

_____

_____

Post Show Notes

Jokes that Worked

Notes for Improvement & New Ideas

Venue _____

Date _____ **Set Length** _____

Show Contact _____

Set List

_____

_____

_____

_____

_____

_____

_____

_____

_____

_____

_____

_____

_____

_____

_____

_____

Post Show Notes

Jokes that Worked

Notes for Improvement & New Ideas

Venue _____

Date _____ **Set Length** _____

Show Contact _____

Set List

_____

_____

_____

_____

_____

_____

_____

_____

_____

_____

_____

_____

_____

_____

_____

_____

_____

Post Show Notes

Jokes that Worked

Notes for Improvement & New Ideas

Venue _____

Date _____ **Set Length** _____

Show Contact _____

Set List

_____

_____

_____

_____

_____

_____

_____

_____

_____

_____

_____

_____

_____

_____

_____

_____

_____

_____

Post Show Notes

Jokes that Worked

Notes for Improvement & New Ideas

Venue _____

Date _____   **Set Length** _____

Show Contact _____

Set List

_____

_____

_____

_____

_____

_____

_____

_____

_____

_____

_____

_____

_____

_____

_____

_____

_____

Post Show Notes

Jokes that Worked

Notes for Improvement & New Ideas

Venue _____

Date _____ **Set Length** _____

Show Contact _____

Set List

_____

_____

_____

_____

_____

_____

_____

_____

_____

_____

_____

_____

_____

_____

_____

_____

_____

Post Show Notes

Jokes that Worked

Notes for Improvement & New Ideas

Venue _____

Date _____ **Set Length** _____

Show Contact _____

Set List

_____

_____

_____

_____

_____

_____

_____

_____

_____

_____

_____

_____

_____

_____

_____

_____

_____

Post Show Notes

Jokes that Worked

Notes for Improvement & New Ideas

Venue _____

Date _____ **Set Length** _____

Show Contact _____

Set List

_____

_____

_____

_____

_____

_____

_____

_____

_____

_____

_____

_____

_____

_____

_____

_____

_____

_____

Post Show Notes

Jokes that Worked

Notes for Improvement & New Ideas

Venue _____

Date _____ **Set Length** _____

Show Contact _____

Set List

_____

_____

_____

_____

_____

_____

_____

_____

_____

_____

_____

_____

_____

_____

_____

_____

_____

Post Show Notes

Jokes that Worked

Notes for Improvement & New Ideas

Venue _____

Date _____ **Set Length** _____

Show Contact _____

Set List

_____

_____

_____

_____

_____

_____

_____

_____

_____

_____

_____

_____

_____

_____

_____

_____

_____

_____

Post Show Notes

Jokes that Worked

Notes for Improvement & New Ideas

Venue _____

Date _____ **Set Length** _____

Show Contact _____

Set List

_____

_____

_____

_____

_____

_____

_____

_____

_____

_____

_____

_____

_____

_____

_____

_____

_____

_____

Post Show Notes

Jokes that Worked

Notes for Improvement & New Ideas

Venue _____

Date _____ **Set Length** _____

Show Contact _____

Set List

_____

_____

_____

_____

_____

_____

_____

_____

_____

_____

_____

_____

_____

_____

_____

_____

_____

Post Show Notes

Jokes that Worked

Notes for Improvement & New Ideas

Venue _____

Date _____ **Set Length** _____

Show Contact _____

Set List

_____

_____

_____

_____

_____

_____

_____

_____

_____

_____

_____

_____

_____

_____

_____

_____

_____

_____

Post Show Notes

Jokes that Worked

Notes for Improvement & New Ideas

Venue _____

Date _____ **Set Length** _____

Show Contact _____

Set List

_____

_____

_____

_____

_____

_____

_____

_____

_____

_____

_____

_____

_____

_____

_____

_____

_____

_____

Post Show Notes

Jokes that Worked

Notes for Improvement & New Ideas

Venue _____

Date _____ **Set Length** _____

Show Contact _____

Set List

_____

_____

_____

_____

_____

_____

_____

_____

_____

_____

_____

_____

_____

_____

_____

_____

_____

_____

Post Show Notes

Jokes that Worked

Notes for Improvement & New Ideas

Venue _____

Date _____ **Set Length** _____

Show Contact _____

Set List

_____

_____

_____

_____

_____

_____

_____

_____

_____

_____

_____

_____

_____

_____

_____

_____

_____

Post Show Notes

Jokes that Worked

Notes for Improvement & New Ideas

Venue _____

Date _____ **Set Length** _____

Show Contact _____

Set List

_____

_____

_____

_____

_____

_____

_____

_____

_____

_____

_____

_____

_____

_____

_____

_____

_____

_____

Post Show Notes

Jokes that Worked

Notes for Improvement & New Ideas

Venue _____

Date _____ **Set Length** _____

Show Contact _____

Set List

_____

_____

_____

_____

_____

_____

_____

_____

_____

_____

_____

_____

_____

_____

_____

_____

_____

_____

Post Show Notes

Jokes that Worked

Notes for Improvement & New Ideas

Venue _____

Date _____ **Set Length** _____

Show Contact _____

Set List

_____

_____

_____

_____

_____

_____

_____

_____

_____

_____

_____

_____

_____

_____

_____

_____

_____

Post Show Notes

Jokes that Worked

Notes for Improvement & New Ideas

Venue _____

Date _____ **Set Length** _____

Show Contact _____

Set List

_____

_____

_____

_____

_____

_____

_____

_____

_____

_____

_____

_____

_____

_____

_____

_____

_____

_____

Post Show Notes

Jokes that Worked

Notes for Improvement & New Ideas

Venue _____

Date _____ **Set Length** _____

Show Contact _____

Set List

_____

_____

_____

_____

_____

_____

_____

_____

_____

_____

_____

_____

_____

_____

_____

_____

_____

Post Show Notes

Jokes that Worked

Notes for Improvement & New Ideas

Venue _____

Date _____ **Set Length** _____

Show Contact _____

Set List

_____

_____

_____

_____

_____

_____

_____

_____

_____

_____

_____

_____

_____

_____

_____

_____

Post Show Notes

Jokes that Worked

Notes for Improvement & New Ideas

Venue _____

Date _____ **Set Length** _____

Show Contact _____

Set List

_____

_____

_____

_____

_____

_____

_____

_____

_____

_____

_____

_____

_____

_____

_____

_____

_____

_____

Post Show Notes

Jokes that Worked

Notes for Improvement & New Ideas

Venue _____

Date _____ **Set Length** _____

Show Contact _____

Set List

_____

_____

_____

_____

_____

_____

_____

_____

_____

_____

_____

_____

_____

_____

_____

_____

_____

_____

Post Show Notes

Jokes that Worked

Notes for Improvement & New Ideas

Venue _____

Date _____ **Set Length** _____

Show Contact _____

Set List

_____

_____

_____

_____

_____

_____

_____

_____

_____

_____

_____

_____

_____

_____

_____

_____

_____

Post Show Notes

Jokes that Worked

Notes for Improvement & New Ideas

Venue _____

Date _____ **Set Length** _____

Show Contact _____

Set List

_____

_____

_____

_____

_____

_____

_____

_____

_____

_____

_____

_____

_____

_____

_____

_____

_____

Post Show Notes

Jokes that Worked

Notes for Improvement & New Ideas

Venue _____

Date _____ **Set Length** _____

Show Contact _____

Set List

_____

_____

_____

_____

_____

_____

_____

_____

_____

_____

_____

_____

_____

_____

_____

_____

_____

_____

_____

Post Show Notes

Jokes that Worked

Notes for Improvement & New Ideas

Contacts

_____

_____

_____

_____

_____

_____

_____

_____

_____

_____

_____

_____

_____

_____

_____

_____

Contacts

_____

_____

_____

_____

_____

_____

_____

_____

_____

_____

_____

_____

_____

_____

_____

_____

_____

Contacts

_____

_____

_____

_____

_____

_____

_____

_____

_____

_____

_____

_____

_____

_____

_____

_____

Contacts

_____

_____

_____

_____

_____

_____

_____

_____

_____

_____

_____

_____

_____

_____

_____

_____

_____

New Ideas

Premise:_____

Premise:_____

Premise:_____

New Ideas

Premise:_____

Premise:_____

Premise:_____

New Ideas to Work Out

Premise:_____

Premise:_____

Premise:_____

New Ideas to Work Out

Premise:_____

Premise:_____

Premise:_____

Misc. New Ideas

Misc. New Ideas

Funny Words & Punchlines

- [ ]
- [ ]
- [ ]
- [ ]
- [ ]
- [ ]
- [ ]
- [ ]
- [ ]
- [ ]
- [ ]
- [ ]
- [ ]
- [ ]
- [ ]

Funny Words & Punchlines

- [ ]
- [ ]
- [ ]
- [ ]
- [ ]
- [ ]
- [ ]
- [ ]
- [ ]
- [ ]
- [ ]
- [ ]
- [ ]
- [ ]
- [ ]

Funny Words & Punchlines

- [ ]
- [ ]
- [ ]
- [ ]
- [ ]
- [ ]
- [ ]
- [ ]
- [ ]
- [ ]
- [ ]
- [ ]
- [ ]
- [ ]
- [ ]

Funny Words & Punchlines

- [ ]
- [ ]
- [ ]
- [ ]
- [ ]
- [ ]
- [ ]
- [ ]
- [ ]
- [ ]
- [ ]
- [ ]
- [ ]
- [ ]
- [ ]

Order more books?

www.TheComicsBook.com

Suggestions for Improvement?

patrick@patrickaustin.com

CPSIA information can be obtained
at www.ICGtesting.com
Printed in the USA
LVHW111449071218
599648LV00001B/220/P